欽定四庫全書　　集部二

昭明太子集目録　　別集類一　梁

卷一

賦

古樂府

詩

卷二

七

臣等謹案昭明太子集六卷梁太子蕭統撰案梁書本傳稱統有集二十卷隋書經籍志唐書藝文志並同宋史藝文志僅載五卷已

非其舊文獻通考不著録則宋末已佚矣此本為明嘉興葉紹泰所刊凡詩賦一卷襍文五卷賦每篇不過數句葢自藝文類聚諸書採掇而成皆非完本詩中擬古第二首林下作伎一首照流看落釵一首美人晨粧一首名士悅傾城一首皆梁簡文帝之詩見于玉臺新詠其書為徐陵奉簡文之令而作不容有誤當由據題作皇太子輾轉稗販故誤以

為昭明又錦帶書十二月啟亦不類齊梁文體其姑洗三月啟中有啼鶯出谷爭傳求友之聲句考唐人試鶯出谷詩李綽尚書故實譏其事無所出使昭明先有此啟綽豈不見乎是亦作偽之明證也張溥百三家集中亦有統集以兩本互校此本七名一篇與東宮官屬令一篇謝賚涅槃經講疏啟一篇謝敕賚銅造善覺寺塔露盤啟一篇謝賚魏國錦

賚廣州堰賚城邊橋賚河南菜賚大菘啟五篇與劉孝儀與張纘與晉安王論張新安書三篇駁舉樂議一篇皆溥本所無溥本與明山賓令一篇詳東宮禮絕旁親議一篇謝勑鑄慈覺寺鐘啟一篇亦此本所無然則是二本者皆明人所掇拾耳乾隆四十三年八月恭校上

總纂官臣紀昀臣陸錫熊臣孫士毅

總校官臣陸費墀

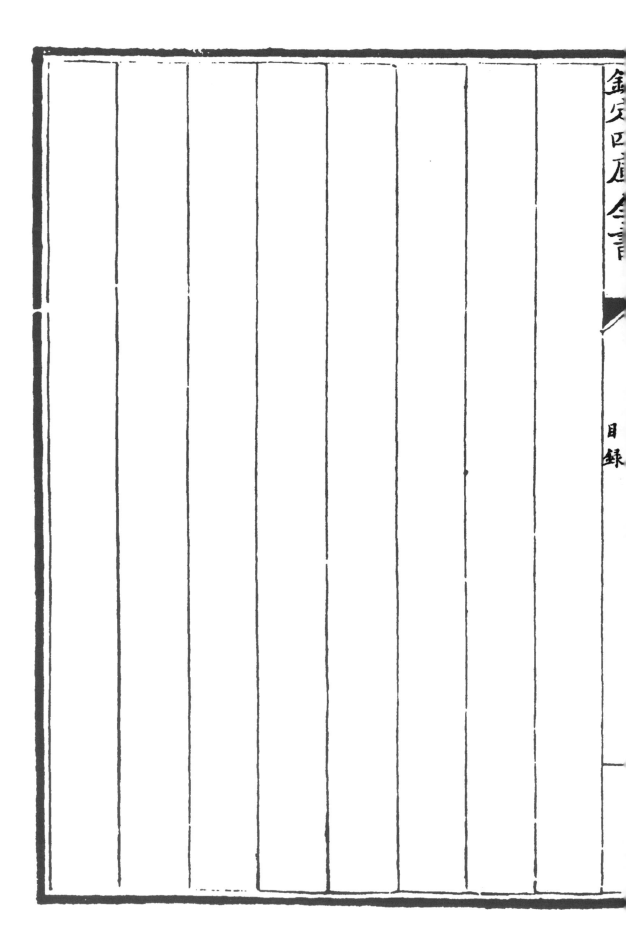

昭明太子集卷一

梁 蕭統 撰

賦

殿賦

觀華矆之美者莫若高殿之麗也高高殿博敞華色照朗內備雜藻外發珍象延脰觀之欣然俯仰闌檻參差棟宇齊旻玄黃既具鮮麗亦發椽并散節若山若谷或象

翔烏或擬森竹藻棁鮮華而粲色山節珍形而曜目旅視刑則委累嵳峩雕丹文於簷際鏤華形以列羅若乃日照珠簾彪炳灼爍輕風吹幌乍揚乍薄接長棟之耿簷垂溜於四隅建廂廊於左右造金墀於前廡卷高帷於玉楹且散志於琴書

銅博山香爐賦

方夏鼎之瓌異類山經之俶詭制一器而備衆質諒兹物之為侈於時青女司寒紅光翳景吐圓舒於東岳匿

丹曦於西嶺蕙帷已低蘭膏未屏爨松柏之火焚蘭麝之芳熒熒內曜芬芬外揚似卿雲之呈色若景星之舒光齊姬合歡而流盼燕女巧笑而蛾揚超公閭之見錫粤文若之留香信名嘉而器美永服玩於華堂

扇賦

匠人之巧製女工之妙織九折翠竹之枝直截飛禽之翼雖復草木燋枯金沙銷鑠火山熾寒泉涸能使凄兮似秋隆暑斯却

芙容賦

色兼列綵體繁衆號初榮夏芬晚花秋曜與澤陂之徽章結江南之流調

鸜鵒賦

有能言之奇鳥每知來而發聲乍青質而翠暎或體白而雪明喙前鉤而趨步翼高舞而翩翾足若丹而三布目如金而雙圓

古樂府

將進酒

洛陽輕薄子長安遊俠兒宜城溢渠盌中山浮羽巵

長相思

相思無終極長夜起嘆息徒見貌嬋娟寧知心有憶寸心無以因願附歸飛翼

有所思

公子遠於隔乃在天一方望望江山阻悠悠道路長別前秋草落別後春花芳雷嘆一聲響雨淚忽成行悵望

情無極傾心還自傷

三婦豔

大婦舞輕巾中婦拂華裀小婦獨無事紅黛潤芳津良人且高臥方欲薦梁塵

上林

千金驄褭騎萬折流水車爭遊上林裏高蓋逗春華

飲馬長城窟行

亭亭山上栢悠悠遠行客行客行路遥故鄉日迢迢

迢不可見長望涕如霰如霰獨留連長路邈綿綿胡馬愛北風越燕見日喜緼此望鄉情沈憂不能止有朋西南來投我用木李并有一札書行止風雲起扣封披書札書札意何有前言節所愛後言别離久

相逢狹路間

京華有曲巷巷曲不通輿道逢一俠客緣路問君居君居在城北可尋復易知朱門間皓壁刻桷暎晨離階植茗華草光景逐飈移輕幰委四屋蘭膏然百枝長子飾

青紫中子任以貲小子始總角方作啼弄兒三子俱入
門赫奕盛羽儀騂騮服衡轡白玉鏤鞿羈容止同規矩
賔從盡恭卑雅鄭時間作孤竹乍參差雲翔雜水宿哢
吭滿清池歡樂無終極流目豈知疲門下非毛遂坐上
盡英奇大婦成貝錦中婦治粉絕小婦獨無事理曲步
簷垂丈人暫徙倚行使流風吹

詩

和上遊鍾山大愛敬寺

唐遊溥汾水周載集瑤池豈若欽明后迴鑾鷲嶺岐神
心鑒無相仁化育有為以茲慧日照復見法雨埀萬邦
躋仁壽兆庶滌塵囂望雲雖可識日用豈能知鴻名冠
子姒德澤邁軒羲斑斑仁獸集足足翔鳳儀善遊慈勝
地茲岳信靈竒嘉木互紛糺層峯鬱蔽虧丹藤繞埀幹
緑竹蔭清池舒華匝長阪好鳥鳴喬枝霏霏慶雲動靡
靡祥風吹谷虛流鳳管野緑暎丹麾帷宮設壓外帳殿
臨郊埀俯同南風作斯文良在斯伊臣限監國即事阻

陪隨顧惟實庸菲冲薄竟奚施至理徒興羡終然類管
窺上聖良善誘下愚慚不移

詠山濤王戎詩二首

顏生五君詠不取山濤王戎余聊詠之焉

山公弘識量早側竹林歡聿來值英主身游廊廟端位
隆五教職才周五品官為君翻已易居臣良不難

其二

濬冲殊蕭散薄暮至中台徵神歸鑒景晦行屬聚財稽

生襲玄夜阮籍變青灰留連追宴緒壚下獨徘徊

宴闌思舊

孝若信儒雅稽古文敦淳茂沿實俊朗文義縱横陳佐公持方介才學罕為隣灌蔬實溫雅摛藻每清新余非狎異者惟舊且懷仁綢繆似河曲契濶等漳濱如何離災盡眇漠同埃塵一起應劉念泫泫欲沾巾

擬古

晨風被庭槐夜露傷階草霧苦瑤池黑霜凝丹墀皓疏

條素無陰落葉紛可掃安得紫芝術終然獲難老

其二

窺紅對鏡斂雙眉含愁拭淚坐相思念人一去許多時眼語笑靨近來情心懷心想甚分明憶人不忍語銜恨獨吞聲

貌雪六言

既同摽梅英散復似太谷花飛密如公超所起皎如淵客所揮無羨昆巖列素豈匹振鷺羣歸

詠同心蓮

江南採蓮處照灼本足觀況等連枝樹俱耀紫莖端同蹄並根草雙異獨鳴鸞以茲代萱草必使愁人歡

賦書帙

擢影兎園池抽莖淇水側朝暎出嶺雲莫聚飛歸翼幸雜緗囊用聊因班女織一合羲軒曲千齡如可即

玄圃講

白藏氣已暮玄冥序方及稍覺螿聲悽轉聞鳴鴈急穿

池狀浩汗築峯形叢岌盱雲緣宇陰晚景乘軒入風來幔影轉霜流樹沫濕林際素羽翾漪閒頳尾吸試欲遊寶山庶使信根立名利白巾談筆札劉王給茲樂踰笙磬寧止消悁邑雖娛慧有三終寡聞知十

東齋聽講

昔聞孔道貴今覩釋化珍至理乃悟寂承稟實能仁示教雖三徹妙法信平均信言一鄙俗延情方慕真庶茲祛八倒冀此遺六塵良思大車道方願寶船津長延永

生肇庶席諒徐陳是節朱明季灼爍治渠新霏雲出翠嶺涼風起青蘋既祭甘露吉方欲書諸紳

僧正講 并序

僧大正以真俗兼解鬱爲善歌璡師以行有餘力緣情繼響余自法席既闌便思和寂杼軸二年濡翰兩器大正今春復為同泰建講法輪將半此作方成所以物色不同序事或異

放光開鷲岳金牒秘香城窮源絶有際離照歸無名若

人聆至寂寄說表真冥能令梵志遣亦使羣魔讋寶珠分水相須彌會色形學徒均染氎游士譬春英伊予寡空智徒深愛怯情舒金起祇苑開筵慕肅成年鍾儵從變弦望驟舒盈令開火林聚淨土接承明掖影連高塔法鼓亂嚴更雷聲芳樹長月出地芝生已知法味樂復悅玄言清何因動飛轡暫使塵勞輕

鍾山解講

清宵出望園詰晨届鍾嶺輪動文學來笳鳴賓從靜瞰

出巖隱光月落林餘影紜紛八桂密坡陁再城永伊予愛丘壑登高至節景迢遞覩千室迤邐觀萬頃即事已如斯重茲游勝境精理既已詳玄言亦兼逞方知蕙帶人覉虛成易屏眺瞻情未終龍境忽遊騁非曰樂逸游意欲識箕潁

林下作妓詩

炎光向夕斂徙宴臨前池泉將影相得花與面相宜篪聲如鳥弄舞袖寫風枝懽樂不知醉千秋長若斯

詠彈箏人

故箏猶可惜應度幾人邊塵多澁移柱風燥脆調絃還作三洲曲誰念九重泉

開善寺法會

栖烏猶未翔命駕出山莊詰屈登馬嶺回互入羊腸稍看原藹藹漸見岫蒼蒼落星埋遠樹新霧起朝陽陰池宿早鴈寒風催夜霜兹地信閑寂清曠惟道場玉樹琉璃水羽帳鬱金床紫柱珊瑚地神幢明月璫牽蘿下石

磴舉桂陟松梁澗斜日欲隱烟生樓半藏千祀終何邁
百代歸我皇神功照不極睿鏡湛無方法輪明暗室慧
海度慈航塵根久未洗希霑垂露光

講解將畢賦三十韻詩依次用

法苑稱嘉柰慈園羨修竹靈覺相招影神功共栖宿慧
義比瓊瑤薰染猶蘭菊理玄方十算功深似九築華水
警銀舟方衢列金軸微言絶已久煩勞多累蓄因慈闡
慧雲欲使心塵伏八水潤焦芽三明啟群目寶鐸且參

差名香晚紛郁暫舍六龍駕微祛二鼠戲意樹登空花心蓮吐輕馥喻斯滄海變譬彼菴羅熟妙智方縟錦深詞同霧縠善學同梵爪真言異銅腹逶迤合蓋城葳蕤布金郁珠華蔭八溪玉流通九谷青禽乍上下雲鴈飛翻覆高談屬時勝寡闇終自悳日麗鴛鴦瓦風度蜘蛛屋落藹散香霏浮雲捲遙族曠濟同象園中乘如佇獨後踐難堅明初心易驚縮應當離花水無令乖漆木投巖不足貴棘木安可宿器月希留影心灰庶方撲視愛

同荓蜂游善如原菽八邑仙人山四寶神龍澳樂樹永繁稠禪枝詎凋槭以茲悅聞道庶此優馳逐願追露寶車脫屣親推轂

示徐州弟 四言

宴君畫室靖眺銅池三墳既覽四始兼摛高宇既清虛堂復靜義府載陳玄言斯逞

詒明山賓 并序

明祭酒出撫大藩擁旄推轂珥金拖紫而恒

事屢空聞構宇未成令送薄助并詒以詩

平仲古稱奇夷齊昔擅美令則挺伊賢東秦固多士築室非道傍置宅歸仁里庚桑方有繫原生令易擬必來三徑人將招五經士

春日宴晉熙王

百六鍾期數三七戹時中國難悲如燬親離嘆數窮藩哲游沮夢揚化撫邊戎幸茲同宴醑引滿愛樽空

餞庚仲容

猻生陟陽道吳子朝歌縣未若樊林華置酒臨高殿

示雲麾弟

白雲飛兮江上阻北流分兮山風舉山萬仞兮多高峯

流九派兮饒江渚山嵓嶤兮乃逼天雲微濛兮後興雨

實覽歷兮此名地故遨遊兮茲勝所爾登陟兮一長望

理化顧兮忽憶予想玉顏兮在目中徒踟躕兮增延佇

大言

觀修鵾其若轍鮒視滄海之如濫觴經二儀而跼蹐跨

六合以翺翔

細言

坐臥鄰空塵憑附蟭螟翼越咫尺而三秋度毫釐而九息

照流看落釵

相隨照淥水意是重涼風流搖粧影壞釵落鬢花空佳期在何許徒傷心不同

美人晨粧

北牕朝向鏡錦障復斜縈嬌羞不肯出猶言粧未成散黛隨眉廣燕支逐臉生試將持出衆定得可憐名

詠新燕

已下三首他本作簡文不可别識兩存之

新禽應節歸俱向吹樓飛入簾驚釧響來牕礙舞衣

晚春

紫蘭葉初滿黃鶯弄始稀石蹲還似獸蘿長更勝衣水曲文魚聚林暝雅鳥飛渚蒲變新節巖桐長舊圍風花落未已山齋開夜扉

名士悅傾城
美人稱絕世麗色譬花叢經居李城北來往宋家東教
歌公主第學舞漢成宮多游淇水曲好在鳳樓中履高
疑上砌裾開特畏風袖輕見跳脫珠概雜青蟲埀絲繞
帷幔落日度房櫳粧牕隔柳色井水點桃紅非憐交甫
珮羞使春閨空

昭明太子集卷一

昭明太子集卷二

梁 蕭統 撰

七

七契

奚斯逸士肥遁棄榮蓮峯於焉剗跡灌水是用庇形口不悅於五味心不娛於八聲鄙巢父之稱哲笑蘇門之為英鷃蓋龍旂初不關意鳳吹鼉鼓終不屑情跨四海

而擅美邁三古而振名居山林而不返終無慮而無營
於是辯博君子詞若湧泉言踰卻秦之魯辯超稷下之
田欲抑則大鵬垂翅欲抗則尺鷃沖天聞逸士之懷寶
乃拂衣而造焉儼兩驂之如手乘輕車之若流爰自畿
甸徑造山周傍瞻虹見俯眺雲浮鳴禽聒耳零霧蔽眸
唯一壑之為阻無三逕之可求於是披榛陟路援蘿踐
崿雖跋涉而不休覩逸士之所託其為居也寂焉而靡
所聽瞑然而無所瞻三椿蔓戶八桂攢簷單門蔦宿圭

竇狐潛風來室搖霧下牕霑竇人跡之罕至逸士於此
而獨淹
君子曰蓋聞智士不希捐介仁者莫有迷邦傅說終受
殷爵呂望遂啟齊封余敬吐誠而畢慮子能留志而見
從乎逸士曰鄙人固陋自潛幽藪必枉話言敬聆金口
君子曰若夫夾鍾之節春景依遲碧樹初榮綠草含滋
春臺之樂信矣熙熙於是百金之士萬鍾之家招搖隆
富徵集豪華駕紫騮之馬乘青蓋之車出自高宇行無

狹斜陶嘉月而結交游藉芳辰而宴朋友望宜春以隨肩入長楊以攜手金盤薦美藉之珍玉杯沉縹清之酒義用和神事非爽口於是娛樂未終留光將夕飛觴引滿奮袖舉白投轄安坐歡甚促席以會雕蟲之賓加有清談之客論同炙輠藻若陵雲戴憑不能高其説相如不能擅其文無玄不折無細不分搦管玉振下筆蘭芬乃亦六郡莫擬非直三蜀蔑聞屬虞泉氣晚朗月潛曜清卮未闌宵景方照竒舞遞作名謳斯召約綽妍姿嬋

嫣宜笑綺縠風吹珠璣星耀齊竽颺參差之響趙瑟奏鏗鏘之妙茲亦遊讌之至娛于能偕此而為樂乎逸士曰輕蕩遊觀非予所躭得性行樂從好山南

君子曰輔性和神實惟至味非直方今見重乃亦自古攸貴不周之和調腸補胃雜以龍肝貜炙豹舌猩唇劉氏之醢范公之鱗鶬出雲際鱘來江岷蒲菹芬馥古聖所珍其酒則蒼梧九醞中山千日取譬湛露擬之飴蜜百味交馳三雅閒出若其珍異則修筵斯溢千品萬類

不可詳悉西母靈桃南楚萍實東陵之瓜北燕之栗湖畔之柿江陰之橘張掖白奈恒陽黄梨河東洗犬隴蜀蹲鴟兹怡神甘口窮美極滋加以伊公調和易氏燔爨傳車渠之椀置青玉之案瑶俎既以麗奇雕盤復為美玩予能與予而享之乎逸士曰甘旨腸腐五味口爽伊人素蓄無羨方丈

君子曰千里之駒出自余吾伯樂所選伏波所模道肩合相平腹應圖激電比速躡景競驅騰黄弗敢擬駿赤

兎莫與爭途異態連踡竒姿猗倚逸足驟反雲移禾駛
形函遊華日不暇徙廼飾金羈之昭晰加以玉鞍之輝
煥連乾麗靡輕蘇燦爛逸氣既為勝矚美飾重成壯觀
蹄蹶紅塵膺流絳汗風起龍驤灰聲鳥散自古迄今人
誰不玩逸士能就予而乘之乎逸士曰遊逸輕俛策馬
爭驅粤今樂靜豈能感娛
君子曰光形飾體莫過鮮衣冠鵕鸃之長纓若曾雲之
零霏琅玕珩珮言飾于背飄颻輕裾是用矅軀方空之

綬弱紈之蕉暑纔炙而已卻風未至而先搖既唯照麗
兼以輕鏘似朝霞之發彩若夕景之舒光至夫杪秋既
謝寒緒中人則輕狐稱美豐貂表珍斯乃赤也所以去
魯孟嘗所以出秦步光之妙櫑具之華君子武備所用
禦邪標以珠玉飾以蓮花其任則百冶精鋭利擬秋霜
豈止在身為美服襲稱臧固乃龍躍於襄水見氣於南
昌幽通神化其妙難詳將與逸士服之以相徉逸士曰
紾絺避暑縕袍禦冬鮮麗綺靡末之或從

君子曰是有喬桐柚葉青葱結根善地擢榦華嵩栖鳳
曾山之側藏龍平陵之東拂靉靆之高雲鼓捎殺之雄
風苕亭萬仞實造天中乃使匠石運斤班輸琢錘製起
玄修形踰綠綺與金石而鏗鏘共絲竹而曼靡托北方
之佳人命高樓之杞氏間以巴隴才僮邯鄲妙妓騁獸
為之輟馳飛禽為之不徙加以荆和之飾照耀柘絲之
絃激揚三聲吐韻四結流唱辭高薰奏響溢芝房竹來
嶰谷律寫歸昌再鼓而玄鶴集九成而儀鳳翔初音魚

踊餘妙繞梁何止田文慨慷劉靖傷心而已哉中山清曲若折而和揚美目以流眄啟玉齒而安歌歌曰陽阿奏兮激楚流望洛水兮有好仇從輕櫂兮汎龍舟將與逸士陟彼華堂憇諸閣館玉宇明華文階燦爛璇題晣晣珠簾彪煥身託瑇瑁之筵目寓瓊華之玩且以悅諸和性之樂豈非綺麗之觀哉逸士曰居兹四郭寧辨五音靡曼不極君子弗欽雖聞贍辭之鋭無會野人之心君子曰白藏肅殺天高野清玉樹始落金藥初榮慕鸞

北反沙雁南征實秋收之美節將校獵以娛情使櫪無
伏馬蒼靡遺行執戈於芊眠之野彎弧於曠浪之隂養
由輕盼則林摧鷙獸蒲且效技則虛下翔禽騰猿靡其
足虓虎不擇音掩兎轔鹿既蔑古之烏有塡坑滿谷亦
眇昔之上林至於輕繳纔飛則連鴻解羽微纖始放則
並鱗失波豈論玄泉之則寧願將翺之歌弭節言旋禽
不可算周旋眺覽足為京觀予雖山棲其從此玩逸士
曰解網垂仁殷王美則聞聲不食孔聖淑音害蠢類而

為樂豈君子之用心
君子曰蓋聞地美養禾君仁愛士澤被無垠光照郊鄙蒲輪必鄒魯之儒宗紆青必洛陽之才子大漢愧得人之盛有周慙以寧之美萬國若翕從四海同使指刑措弗用囹圄斯虛既講禮於太學亦論詩於石渠戈有載戢史無絕書銅律應度玉燭調和黃髮擊壤青衿興歌元帥奇士庠序鴻生求禮儀之汲汲行仁義之明明隆采椽之義卻瑇瑁之榮當朝有仁義之睦邊境無烟塵

之鶩信如四氣明並三光廚莆挺茂堦蓂吐芳瑞鹿摛素祥熊耀黃靈禽樂囿儀鳳栖堂太平之瑞寶鼎樂協之應玉羊丹烏表色玉露呈瀼野絲垂木嘉苗貫桑固以德苞子姒道邁虞唐六合寧泰四宇咸康不煩一戟東甌膜拜詎勞一卒西域獻琛鹿蠡稽顙以悛惡樓蘭面縛而革音吾皆去鼻飲之穴棄烏舉之深固以澤流無外恩被遐方福比嵩岱道則穹蒼豈有聞若斯之化而藏其皮冠哉逸士曰鄙人寡識守節山隅不聞智士

之教將自潛以糜軀請伏道而從命願開志以滌慮

七召

假是先生負茲勁逞狀羣飛之喪侶似獨行之迷逕神怱怱而若忘意衝衝而不定鑒丹緣其無主聞鐘鼓以失聽至乃冬霰積庭室靡人聲春花滿野地無行者園堵常閉曲突無烟同生芻之暫有共死灰之壹燃篤論公子聞而崛起雖道術之可忘亦切磋之所恥命徒御以絡繹將有事於巖中車煜爚而流水馬泮渙以追風

乃踰汗漫入蒙籠至深潭之瀴溟有洞室之穹崇居隱磷而出没望嶔岑而下上竹距石以斜通水韻松以含響地不寒而蕭瑟日無雲而曭朗於是整容投刺倒屣排門揚眉就席舉袂而言曰若五秀稟其生靈六情通其愛惡憎共集於鄙老嗜同歸於美樂令足下羣鳥獸以為娛處貧賤而不怍欲賓實於孤介乃貽譏乎隕穫至乃喀喀死于道邊督督填乎溝壑削松筆以畫虎鼓鉛刀而刻鵠身既勞而不見事何感而莫懲欲模名於帶

索豈知命於泥繩何異走長衢以避影煎流水以求氷令欲道足下以衛生之秘術怡神之妙道譬之愈疫於寒植同起尸於仙草寧顧聞乎先生曰有為之生已逼無益之慮常勞若見明於礙滯幸求救於肓膏

公子曰千門始搆百堂洞啟激洛開渠疏山抗陛延袤水陸曠望東西下臨江海上屬雲霓百丈杳冥以飛跨九層鬱律以階梯步三休而更迴塗中宿而方迷雕墻屈曲以交互網户周流以重積既陰涔而影響亦呌嘯而辟易

沙板金鋪紫柱玉舄煒煌熻艴硱磳博敞圖雲霧之蔽虧狀神仙之來徃壁璫自耀珠綴恒響蜉蝣動而晝喧熠燿飛而夜朗既臨下以寥泬亦憑高而泱漭聞疾雷於階陛弄犇星於帷幌亘以曲堂周以洞房北負連闥南注長廊綺疏交映鏤檻相望鸞飛蓮井日照杏梁陽烏騫其將動雲鳳矯而欲翔若乃浚沼開源延石崇壤擬崑閬之巒岪比滄溟之濆瀁其中則有桂宮栢寢吳臺柘館複道耿介而連雲阿閣穹隆而仰漢望虬欄之

映水見丹鶴之出岸艷草奇色嘉樹珍名長生靈壽男華女貞河柳垂葉山榴發英[illegible]奇花之春滿摘甘實於夏成此實宮苑之壯麗豈能從我而為榮先生曰多言反道辯口傷實懼貽弊於蔀家且自安乎容膝

公子曰銅瓶玉井金釜桂薪六穀九鼎百葉千珍熊蹯虎掌雞跖猩脣[illegible]魚兩味玄犀五肉捨卵鳳巢剖胎豹腹三臠甘口七菹愜目蒸餅十字湯官五熟海椒魯豉河鹽蜀薑劑水火而調和糅蘇檓以芬芳齏脯追復而不

盡櫝魚稍割其無傷黿羹流歡蚳醬先嘗鱠温湖之美蚶切丙穴之嘉魴落俎霞散逐刃飛揚輕同曳繭白似飛霜蔗有盈丈之名桃表兼斤之實杏積魏國之貢菱為鉅野所出衡曲黄梨汶垂蒼栗隴西白椿湘南朱橘荔枝沙棠蒲萄石蜜瓜稱素腕之美棗有細腰之質並抗吻以除煩亦咀牙而消疾於是三雅陳席百味開印玉几星稀蘭英縹潤既吏志於坎壈亦懷忘於鄙怯此蓋滋旨之極珍豈能從予而共進先生曰不貴媮食寧

甘醇酒既深悟於腐腸豈自迷於爽口
公子曰秦氏獨立燕姝絕世如短如長不穠不細信耳
目之妖冶乃古今之佳麗姸姿豔逸淑性閑華效施顰
於宋里經墮馬於梁家折纖腰以微步呈皓腕乎輕紗
臨池正領拂鏡看花覿堵墻以颭沓傾城國以諠譁墨
欲歸而柚軫惠將返而迴車至乃鄭衛繁聲抑揚絕調
足使風雲變動性靈感召擊哀響則春臺之人愴焉而
雪泣起歡情則崩城之婦嫣然而微笑嶰谷調鳳之竹

龍門獨鵠之柯綠珠絳樹宋子韓娥青春婉娩上客經過開洞房以命賞召才人而合宴舉輕慢以徐來隔珠簾而可見牀披珠象簞展羅薦聽促柱之方進聞簧聲之始囀步想象以頓足腕躡連而拂面托斜視於遺簪寄含情而舉扇俄而夕烏東反落日西懸綺霞映水娥月昇天解鴛鴦之繡被拂距蛩之長氈燭羽幃而動爛薰蕙帳而微烟顧橫施以自睨脫斜領於君前此乃聲色之妖蕩將不從我而留連先生曰淫聲非篤論之旨

麗色本余情所棄伐國不問仁人此言從何而至

公子曰歲晚農休時閒務隙山火已燎野霜初白聊效殺於秋冬乃從禽於草澤蜀地五丁齊國二子氣動山漂汗揮雨起渥洼流赭蘭池照血躡飛影於未形赴犇星於欲滅革車隱隱轂騎闐闐鼓譟諠而振地烝徒駭而聒天割玉之刀飲石之箭罝羅布其一目罟網周及三面犬號驤螭鷹名奔電暫離已合忽隱仍見赴迴超危衝林跋援草隨足起山從眼轉跨躡岡澗電舉陵陸

鳥不及飛獸不遑伏既前轥而後赴亦左排而右蹴跖實駭而自救騰虛亂而相撲視灑血之丹地見飛毛之暗目傍窮劫剞勢極搜求文皮坐裂膬尾生抽手䨇鐵頂足批銅頭象折牙而陵遽貊拉齒而曳由擒高樓之度索走大樹之神牛鴈闡弦而跕跕猨抱木而啾啾笑楚王之雲夢恥漢帝之中流此武材之矯猛豈能從我而畋遊先生曰馳騁傷仁好殺非勇幸廣內之豐樂何禽荒之足重

公子曰踆烏始照宮槐遽而欲舒顧兎纔滿庭英紛而就落譬光影於飛浮比生靈於栖託擾擾摩肩轔轔方駕怵迫於毀譽獨懇勤於用舍嗟向有而今無歎後榮而前謝清歌雅舞暫同於夢寐廣廈高堂俄成於幻化若夫洗精服食慕道遊仙尋玉塵於萬里守金竈於千年三尸可度九轉難傳飛騰水陸咀嚼靈玄若乃壁上真辭枕中秘要彈壓神鬼吐納靈妙既變醜以成妍亦反老而為少虬駕夭矯而出没電裳颯沓而容與接

鵾馭於後乘追鳳蕭於前侶雨散漫以霑服雲霏微而
襲宇瞰芝闕以窈窕見玉臺之相拒蓋排烟而漸滅旌
拖風而未舉值解佩於江濱逢弄珠於漢渚薄遊玄圃
弭節太華列神童於羽帳侍玉女於仙車澗採兮危實
苑拔兮迴花聽弱水之晨浪望崑山之夕霞窮北辰而
比壽指中岳以為家此神仙之恍惚豈從我而覊邪先
生曰捕影之言莫測繫風之論難盡未嘗留意於死生
豈復稍論於椿菌

公子曰洙泗遺文鄒魯餘烈其道未遠其風不絶方領圓冠金口木舌談章句之遠旨搆紛綸之雅説陳五禮明六詩貫穿微妙辨析毫釐既待問以重席亦覃思而下幃醞藉愷悌和樂緝熙生徒肅肅賔友師師並接衽以聞道俱援手而受辭心絶内戰事無外慾横經者比肩擁篲者繼足醜申韓之法令陋桓文之風俗六郡湊其衣冠五陵窮其軌躅信斯文其若水實斯人之如玉若夫珠璣産於蚌蛤珪璧出於山淵未有玉不瑩而為

寶人無學而稱賢蓋持身之管籥進德之舟船響如鐘而待叩明似鏡而常懸此見重於經術寧降志於吾賢先生曰誠此言之甚美比斯道之為曠恥見嘲於腐儒豈求珍於席上

公子曰我大梁之啟基方邃古而無匹先天定始比殷周而餘裕揖讓受終考唐虞而不失道德有序憲章咸秩六府孔修百司盡畢搜求儒雅招拾遺逸旰食思治雖聞於昔談昧旦臨朝乃見乎茲日蕩蕩薰風泱泱

大典道含弘而廣被澤汪濊而傍闡採輿人之片言納
匹夫之小善事在微而畢照言無幽而不顯若夫下車
布德伐罪弔民風無偃稼雨不破塵覩勝殘於期月見
成俗於浹辰含羣生兮如海養萬類其猶春鄉無豕食
之祿野靡狼顧之民樵者目金而知恥耕夫讓畔以成
仁何大庭之足競豈粟陸之能隣璧水道庠序之風石
渠啟珪璋之盛奇士輻湊而騁足異人間出而効命小
大之獄無冤民翾飛之物無夭性故能睦之以九世齊

之以七政坦坦恢恢巍巍赫赫政德洽於霜風教義竆於足迹望雲氣而欵關候海水而重譯所謂府不輟貢史無虛帛天瑞磊砢而相尋地符氛氳而不少收六穗於征賦翫九莖於池沼三足應感而來儀一角知時而自擾映景星於初月聆鳳音於將曉若乃亭毒不疵合天地而竝施陶鈞日月與造化而同功故非言辭之可具盡筆札之所能竆懷真獨往之夫犇走而從事滅迹藏名之士顚倒而向風二漢有同於兒戲魏晉無礙於

胷中言未畢先生攝衣而起曰子前所説似玉卮之無當徒費辭而難領譬由背日而視秋毫却行而求鄢郢一聞皇王之盛則豁然神悟而理攄志無時而可卷邪有道而宜舒敢以淺智請從後車

令

荅玄圃園講頌啟令

得書并講頌首尾可觀殊成佳作辭典文豔既温且雅豈直斐然有意可謂卓爾不羣覽以迴環良同愈疾至

於雙因八辯彌有法席之致銀草金雲殊得物色之美
吾在原之意甚用欣懌遲面乃悉此不盡言統報

與東宮官屬令

威明昨宵奄復殂化甚可痛傷其風韻遒上神峰標映
千里絕迹百尺無枝文辯縱橫才學優贍跌宕之情彌
遠濠梁之氣特多實儁人也一爾過隙永歸長夜金刀
掩芷長淮絕涸去歲冬中已傷劉子今茲寒孟復悼王
生俱往之傷信非虛說

昭明太子集卷二

欽定四庫全書

昭明太子集卷三

梁 蕭統 撰

啟

謝勑賚水犀如意啟

臣某啟應勑左右伯佛掌奉宣勑旨垂賚水犀如意一柄式是道義所須白玉照采方斯非貴珊瑚挺質匹此未珍雕剖既成先被庸薄如蒙漢帝之簪似獲趙堯之

印謹仰承威神陳諸講席方使歡喜羅漢懷棄鉢之嗟
玉式碩儒忻驪駒之辯熊飾寶刀子桓愧其大賚犛牛
輕拂張敞慚其舊儀殊恩特降伏深荷躍不任下情

謝勑賚看講啟

臣某啟主書管萬安奉宣勑旨以臣令講竟曲垂勞問
伏以正言深奧總一羣經均斗杓以命四時等太陽而
照萬國臣不涯庸淺輕敢奉宣莫測天文徒觀玉府慚
悚交并寢興無寘仰降中使俯賚光臨榮荷殊慈靡知

啟處不任下情

謝勑參解講啟

臣某啟主書周昂奉宣勑旨垂參臣令解講伏以至理希夷微言淵奧非所能鑽仰遂以無庸叨茲宣釋將應讓齒反降敎冑之恩允宜尚學翻荷説經之詔竊以挾八威之策則神物莫干服九丹之華則僊徒可役臣仰承皇威訓茲學侶奉揚聖旨洞曉羣儒鼓治異師陶鈞久滯方使惠施戢其短長公孫罷其堅白王生挫辯既

盡神氣法開受屈永隱東峯中使曲臨彌光函席仰戴殊慈不知啟處無任下情謹奉啟事謝聞

謝勑賚制旨大涅槃經講疏啟

臣某啟後閤應勑木佛子奉宣勑旨垂賚制旨大涅槃經講疏一部十帙合目百一卷寒鄉覩日未足稱奇採藥逢仙曾何譬喜臣伏以六爻所明至邃窮於幾象四書所總施命止於域中豈有牢籠因果辨斯寶城之教網羅真俗開茲月滿之文方當道洽大千化均百億雲

彌識種雨徧身田豈復論唐帝龜書周王策府何待刊
寢盤盂屏黜丘索甘露妙典先降殊恩揣己循愚不勝
慶荷不任頂戴之至謹奉啟謝聞

謝勑齎銅造善覺寺塔露盤啟

是稱邪陽之珍實亦昆吾之琺爍濕無變九市見奇寒
暑是宜六律成用況復神龍負子光斯妙塔金烏銜帶
飾玆高表函谷恥其詠歌臨淄惡其祥應陽燧含影還
譬日輪甘露入盤足稱天酒辭林本闕心辯又慙徒戴

重恩終難陳謝

謝勅賚制旨大集經講疏啟

臣某啟宣詔王慧寶奉宣勅旨垂賚制旨大集經講疏二帙十六卷甘露入頂慧水灌心似暗遇明如饑獲飽伏以非色非欲二界同坊匪文匪理三詮雲集四辯言而未極八聲闡而莫窮俯應天機垂茲聖作同真如而無盡與日月而俱懸但觀寶春山獲珠大海臣實何能恒蒙誘被章奏俗筆豈足陳心抗袖長言未伸歌舞不

任喜荷之至

謝勅賚地圖啓

漢氏輿地形茲未擬晉代方丈比此非妙匠之長樂唯畫古賢儔之未央止圖將帥未有洞該八數混觀六合域中天外指掌可求地角河源戶庭不出豈問千秋自識烏桓之地脫逢壯武方著博物之書

錦帶書十二月啟

太簇正月

伏以北斗周天送玄冥之故節東風拂地啓青陽之芳辰梅花舒兩歲之裝栢葉泛三元之酒飄飄餘雪入簫管以成歌皎潔輕氷對蟾光而寫鏡想足下神遊書帳性縱琴堂談叢發流水之源筆陣引崩雲之勢昔時文會長思風月之交今日言離永嘆參商之隔但某執鞭賤品耕鑿庸流沉形南畝之間滯迹東皐之上長懷盛德聊吐愚衷謹憑黃耳之傳佇望白雲之信

夾鍾二月

伏以節應佳辰時登令月和風拂迥淑氣浮空走野馬於桃源飛少女於李徑花明麗月光浮竇氏之機鳥哢芳園韻響王喬之管敬想足下優游泉石放曠烟霞尋五柳之先生琴尊雅興謁孤松之君子鸞鳳騰翩誠萬世之良規實百年之令範但某蓆户幽人蓬門下客三冬勤學慕方朔之雄才萬卷長披習鄭玄之逸氣既而風塵頓隔仁智並乖非無衰侶之憂誠有離羣之恨謹伸數字用寫寸誠

姑洗三月

伏以景逼祖春時臨變節啼鶯出谷爭傳求友之音翔蘂飛林競散佳人之靨魚遊碧沼疑呈遠道之書燕語雕梁恍對幽閨之語鶴帶雲而成蓋遙籠大夫之松虹跨澗以成橋遠現美人之影對茲節物寧不依然敬想足下聲馳海內名播雲間持郭璞之毫鸞詞場月白吞羅含之彩鳳辯囿日新某山北逸人墻東隱士龍門退水望冠冕以何年鷁路頹風想簪纓於幾載既違語嘿

且阻江湖聊寄八行之書代申千里之契

中呂四月

節屆朱明昬鍾丹陸依依聳蓋俱臨帝女之桑鬱鬱丹城並挂陶潛之柳梅風拂戶牖之內麥氣擁宮闕之前敬想足下聲聞九臯詩成七步涵蚌胎於學海卓爾超羣韞抵鵲於文山儼然孤秀但某窮途異縣岐路他鄉非無阮籍之悲誠有楊朱之泣每遇秋風振響鶗鴂乎夏之衣夜月流輝鵲繞將軍之樹既乖連璧之契終隔

斷金之情中心藏之甲誠至矣今因去燕聊寄芻蕘如
遇回鱗希垂金玉

蕤賓五月

麥隴移秋桑律漸暮蓮花泛水艷如越女之腮蘋葉漂
風影亂秦臺之鏡炎風以之扇戶暑氣於是盈樓凍雨
洗梅樹之中火雲燒桂林之上敬想足下追涼竹徑托
蔭松閒彈伯牙之素琴酌嵇康之緑酒縱横流水酩酊
頽山實君子之佳游乃王孫之雅事某沉痾漳浦臥病

泉山頓懷劉幹之勞鎮抱相如之渴是知枯榮莫測生死難量驗風燭之不停如水泡之易滅聊申嗽札以代勞人佇覩芳詞希垂愈疾

林鍾六月

三伏漸終九夏將謝螢飛腐草光浮帳裏之書蟬噪繁柯影入機中之鬢濯枝遷而潦溢芳槿茂而發榮山土焦而流金海水沸而漂礫敬想足下藏形月府遁跡氷床披莊子之七篇逍遙物外玩老聃之兩卷恍惚懷中

但某白社狂人青緗末學不從州縣之職聊立松篁之間時假德以為隣或借書而取友三千年之獨鶴暫逐雞羣九萬里之孤鵬權潛燕侶既非得意正可忘言諸不具伸應俟面會

夷則七月

素商驚辰白藏屆節金風曉振偏傷征客之心玉露夜凝直泣僊人之掌桂吐花於小山之上梨翻葉於大谷之中故知節物變衰草木搖落敬想足下時稱獨步世

虓無雙萬頃澄波黃叔度之器量千尋聳幹嵇中散之楷模但某一介庸才三隅頑學懷經問道不遇披雲負笈尋師罕逢見日俛仰興嘆形影自憐不知龍前不知龍後鸞鵬雖異風月是同幸矣擇交希垂影拂

南呂八月

一嘆分飛三秋限隔遐思盛德將何以伸白雲斷而音信稀青山暝而江湖遠敬想足下羽儀勝睠領袖嘉賓傾玉醅於風前弄瓊騶於月下但某登山失路涉海迷

津聞猿嘯而寸寸斷腸聽鳥聲而雙雙下淚當以黃花
笑冷白羽悲秋既傳蘇子之書更泛陶公之酌聊因三
鳥畧敘二難面會取書不能盡述或叨鳳念不黙魚緘

無射九月

宿昔親朋平生益友不謂窮通有分雲雨將乖既深伐
木之聲更間采葵之詠屬以重陽變敘節景窮秋霜抱
樹而擁柯風拂林而下葉金堤翠柳帶星采而均調紫
塞蒼鴻追風光而結陣敬想足下秀標東箭價重南金

才過吞鳥之聲德邁懷蛟之智但某衡門賤士甕牖微生既無白馬之談且乏碧雞之辯嘆分飛之有處嗟會面以無期聊伸布服之言用述併糧之志

應鍾十月

節屆玄靈鍾應陰律愁雲拂岫帶枯葉以飄空朔氣浮川映危樓而疊迥胡風起截耳之凍趙日興曝背之思敬想足下山嶽鍾神星辰挺秀潛明晦跡隱於朝市之間縱法化人不混鄉閭之下某陋巷孤遊穿牆自活終

朝息爨若孔子之為貧竟日停炊如范生之在職牛衣當被畏見王章犢鼻親操恐逢犬子雖此慚賤而不羞貧綺服有時此言何述

黃鍾十一月

日往月來灰移火變暫乖語默頓隔秦吳既傳蘇李之書更共范張之志冷風颳而結鼻寒氣切而凝唇虹入漢而藏形鶴臨橋而送語彤雲垂四面之葉玉雪開六出之花敬想足下世號氷壺時稱武庫命長袂而留客

施大被以招賢酌醇酒而據切骨之寒溫獸炭而祛透心之冷某携戈日久荷戟年深揮白刃而萬定死生引虹旗而千決成敗退龍劒而却步月下開營進鯨鼓而横行雲前起陣徒勞斬斫豈用功勲諸不具陳謹伸微意

大呂十二月

分手未遥翹心且積引領企踵朝夕不忘眷友思仁行坐未捨既屬嚴風極冷苦霧添寒氷堅漢地之池雪積

袁安之宅敬想足下棲神鶴駕眷想龍門披玩之間願無捐德某種瓜賤士賣餅貧生入爨竈以揚聲不逢蔡子駕鹽車而顯跡罕遇孫陽徒懷叩角之心終想暴腮之患既為久要聊吐短章紙盡墨窮何能懇露

謝勑賚魏國所獻錦等啟

山羊之毳東燕之席尚傳登高之文北鄴之錦猶見胡綾織大秦之草戎布紡玄菟之花

謝勑賚廣州塸等啟

淮南承月之杯豈均符采西國浮雲之椀非謂瑰奇臣南珍靡究未讀奏曹之表方物罕逢不識議郎之畫

謝勑賚城邊橘啟

結根龍首垂陰漸土甘踰石蜜味重金衣暉章縹李豈止稱於晉世上林美棗非獨高於漢日

謝勑賚河南菜啟

海水無波來因九譯周原澤洽味備百羞堯韭未儔姬歠非喻

謝敕賚大菘啟

吳愧千里之蓴蜀慙七菜之賦是知泮宮採芹空入魯詩流火烹葵徒傳豳曲

疏

請停吳興丁役疏

伏聞當遣王弁等上東三郡民丁開漕溝渠導洩震澤使吳興一境無復水災誠矜恤之至仁經略之遠旨暫勞永逸必獲後利未萌難覩竊有愚懷所聞吳興累年失

收人頗流移吳郡十城亦無全熟唯義興去秋有稔復
非常役之民即日東境穀價猶貴刼盜屢起所在有司
皆不聞奏今征戍未歸强丁數少此雖小舉竊恐難合
吏一呼門動為民蠹又出丁之處遠近不一比得齊集
已妨蠶農去年粗為豐歲公私未能足食如復今茲失
業慮恐為弊更深且草竊多伺候人間虛實若善人從
役則抄盜彌增吳興未受其益内地已罹其災不審可
得權停此工待優實以行聖心垂矜黎庶神量久已有

在臣意見庸淺不識事宜苟有愚心願得上啟

昭明太子集卷三